Leuchttürme

Das Erinnerungsalbum an einen lieben Menschen!

Die Hafenprinzessin

Abschied nehmen gehört zum Leben dazu ...

... etwas oft unglaublich Wertvolles schwindet aus dem Leben und schafft unabwendbar Platz für neues Leben. Ein Kreislauf der häufig nur sehr schwer zu akzeptieren ist, ein Gedanke, den man verdrängen mag, welcher im Alltag wenig Fläche hat. Dennoch passiert es, eine plötzliche Nachricht und das eigene Leben verändert sich, weil sich ein anderes Leben aus dem Hier und Jetzt verabschiedet. In solchen Momenten ist man verständlicherweise häufig ratlos, fühlt sich ohnmächtig, möchte diese Phase der Schmerzen und der Trauer einfach schnell hinter sich bringen. Verständlich! Dennoch soll dieses vollgeherzt Erinnerungsalbum gerade für die trauernden Menschen selbst im Nachgang Halt liefern und eine Basis für wertvolle Erinnerungen an den geliebten nun verschiedenen Menschen sein. Dieses niveauvolle und unaufdringliche Album bietet ausreichend Platz, Fläche und Vorgaben, um schöne gemeinsame Erlebnisse in aller Ruhe niederzuschreiben. Diese können hiermit anteilig verarbeitet und reflektiert werden, bieten zusätzlich die Möglichkeit, auch nach langer Zeit nochmal darin zu blättern, Einträge zu lesen und eingeklebte Fotos anzuschauen. Natürlich ist der Tod ein unliebsames Kapitel in unserem menschlichen Sein, allerdings sollte uns bewusst sein, dass zwar die menschliche Hülle von geliebten Menschen nicht mehr sichtbar ist, allerdings tausende Spuren, Erinnerungen und Besonderheiten dieser wunderbaren Personen für uns bleiben können. Genau dann, wenn wir es wollen und auch zulassen. Hierfür bietet dieses Album eine ideale Plattform.

In aufrichtiger Anteilnahme zu Ihrem Verlust,

Ihre Hafenprinzessin

Impressum

Verantwortlich

Christian Flick / Mathias Weber

youneo projects flick und weber GbR, Poststraße 1, 49326 Melle

info@youneoprojects.de, www.youneoprojects.de

Herstellung und Verlag

BoD - Books on Demand, Norderstedt

Bildquellen

© Volodymyr Goinyk/shutterstock (Cover), T-Kot/Shutterstock, ddok/shutterstock

Hafenprinzessin® ist eine eingetragene Marke der youneo projects flick und weber GbR.

ISBN: 9783748111474

Wie heißt die Person, die verstorben ist und welche wichtigen Eckdaten zur Person sind dir wichtig, die du nun niederschreiben magst (Geburtsdatum, Todestag, Sternzeichen, Besonderheiten)?

Wer hat dir beim Verlust positiv zur Seite gestanden?

Was waren die Worte von anderen Trauernden, die dich am meisten berührt haben?

Was waren die schönsten Outfits der verstorbenen Person, die markant waren?

Welche Tiere mochte die Person und welche Haustiere waren im Haus?

Welche liebevollen Macken hatte die Person?

Welche bewundernswerten Stärken hatte die Person?

Wie habt ihr euch kennengelernt?

Wie angemessen wurde die Trauerfeier und die Beisetzung gestaltet?

Was bleibt an positiven Erinnerungen an die verstorbene Person?

Über welche Gäste bei der Trauerfeier hast du dich sehr gefreut?

Welche Worte hättest du gerne der verstorbenen Person noch persönlich gesagt? Schreibe die Worte hier bitte nieder.

Für welche Länder und Orte konntet ihr beide gemeinsam schwärmen?

In welches Lokal wärt ihr am liebsten beide eingekehrt und was hätte es zum Essen gegeben? Besonderheiten der Lokalität?

Welche Menschen können mit dir gemeinsam an die verstorbene Person denken und geben dir an dunklen Tagen die Kraft, die man sich wünscht?

Welche Musik habt ihr geliebt? Was hat euch dann außer dem Klang verbunden?

Welchen liebenswerten Tick hatte die verstorbene Person, über die du immer noch ständig schmunzeln könntest?

Welches Gedicht hätte der verstorbenen Person gefallen?

Schreibe es bitte nieder.

Welches Zitat hätte der verstorbenen Person zusätzlich gefallen?
Bitte schreibe es hier auf?

Erinnere dich bitte an die Grabrede, welcher Satz war besonders und stimmig aus deiner Sicht?

Packe dir im Geiste einen Rucksack. Darin ist Platz für 10 Gegenstände, bitte leg 5 Dinge hinein, die dir wichtig sind, bitte lege auch 5 Dinge hinein, die der verstorbenen Person wichtig waren. Bitte schreibe die kleine Packliste hier nieder.

Welche Jahreszeit war der verstorbenen Person am liebsten?
Warum war dies so und wie hat es sich gezeigt?

Welche Feste habt ihr zusammen erlebt, welche lustigen Anekdoten sind legendär gewesen? Bitte schreibe diese in Kurzform nieder.

Welchen Liedtext magst du, der zur verstorbenen Person passt?
Bitte schreibe diesen hier nieder.

Bitte klebe ein schönes Foto der verstorbenen Person ein.

Bitte auch nun ein Bild aus jüngeren Jahren.

Bitte klebe jetzt ein Bild ein, auf dem ihr zusammen gut getroffen seid.

Bitte klebe hier die Traueranzeige ein (Zeitungsanzeige, Trauerkarte etc.).

Bitte geh nochmal mit lieben Menschen ins Kino. Suche einen Film aus, der der verstorbenen Person auch gut gefallen hätte. Bitte klebe diese Karte hier ein.

Bitte kauf eine Zeitschrift, welche die verstorbene Person gemocht oder geliebt hätte. Schneide bitte das Coverbild aus und klebe es hier ein.

Bitte gehe ins Theater, genieße eine schöne Aufführung und klebe die Eintrittskarte hier ein.

Bitte mache ein Foto von schönen Blumen, die ihr beide mochtet.

Klebe bitte das Foto hier ein.

Bitte mache ein Foto vom Haus bzw. Zuhause der verstorbenen Person. Klebe das Bild bitte hier ein.

Gab es ein Motorrad oder Auto, was der verstorbenen Person gehörte? Klebe bitte hiervon auch ein Foto ein.

Kauf bitte die Lieblingsschokolade der verstorbenen Person. Klebe ein Stück der Papierverpackung bitte hier ein.

Mache bitte mit etwas Abstand ein Foto von Menschen, die die verstorbene Person auch vermissen. Lacht bitte dabei und klebe das Foto hier ein.

Welchen Verein hat die verstorbene Person gemocht? Drucke bitte das Logo am Computer aus und klebe es hier gut sichtbar ein.

Gehe bitte in ein Restaurant, das euch beiden gefallen hätte. Erhebe das Glas und klebe die Rechnung hier ein. Das war euer Abend und ein besonderer Moment.

Bitte kaufe eine Postkarte, die du der verstorbenen Person gerne spontan geschenkt hättest. Klebe die Karte bitte hier ein.

Welche Serie hat euch beiden gut gefallen? Bitte schaue noch eine Sendung und denke an die verstorbene Person. Was ist genau in dieser letzten Folge passiert, bitte schreibe es nun kurz auf.

Welche Ratschläge hast du von der verstorbenen Person mal bekommen, die du super und hilfreich gefunden hast?

Welchen Ratschlag hast du bekommen, den du gerne sofort retourniert hättest, weil er nicht so wirklich passend für dich war.

Mache hier bitte eine kleine Zeichnung von der verstorbenen Person (künstlerische Freiheit erlaubt, kein Kunststudium nötig).

Bitte male hier das Lieblingstier der verstorbenen Person.

Bitte kaufe das Lieblingsgetränk der verstorbenen Person, erhebe an einem schönen passenden Abend das Glas und klebe bitte das Flaschenetikett hier ein.

Kreiere bitte einen schönen Satz, der sich reimt und in Gedenken an die verstorbene Person genau hier stehen soll.

Welche besonderen Worte waren so markant, dass sie dich heute immer noch sofort an die verstorbene Person erinnern („Zappenduster", „Abelig" o.ä.)?

Welche Lieblingsfarbe hatte die verstorbene Person? Bitte besorge dir einen Stift in der passenden Farbe und mal hier in der Mitte ein passendes Herzsymbol.

Warum war eure Begegnung so einprägend, besonders und auch einzigartig? Bitte schreibe hier die wichtigsten 5 Schlagwörter dazu ein (z.B. Freundschaft, Anerkennung, Wertschätzung, Dankbarkeit, Teamgeist, Leidenschaft, Elternliebe, Nähe, Wärme, Schutz, Lerneffekte, Erkenntnisse, Sportsgeist usw.).

... wirklich tot ist man erst,
wenn auch der letzte Mensch
aufhört, in Liebe, in Freude
und mit einem dankbaren
Lächeln an einen
zu denken ...